Mon premier livre de Smoothies

Goélette Jeunesse

Mon premier livre de smoothies

Graphisme
Geneviève Guertin
Marie-Claude Parenteau
Katia Senay
Marjolaine Pageau

Photographies et stylisme : Caviart
Recherche des recettes : Caviart
Traduction : Catherine Girard-Audet

© Les Éditions Goélette

Dépôts légaux :
Bibliothèque nationale et Archives du Québec
Bibliothèque nationale du Canada
Deuxième trimestre 2009

Gouvernement du Québec
Programme de crédit d'impôt pour l'édition de livres
Gestion Sodec

Imprimé en Chine

ISBN : 978-2-89638-430-3

Table des matières

Orange

Ce fruit de l'oranger d'un jaune mêlé de rouge est reconnu pour sa pulpe juteuse et sucrée, pour sa teneur élevée en vitamine C et pour ses importantes propriétés qui s'attaquent aux virus.

Fraise

Personne ne peut résister à cette petite baie rouge et sucrée. Les fraises sont une excellente source de vitamine C et de bêta-carotène, nutriments essentiels pour stimuler les défenses immunitaires. Elle est remplie de potassium, qui contribue à la santé du cœur, du système cardiovasculaire et du système nerveux. C'est une petite baie importante pour grandir en santé.

Framboise

Ces baies délicates revêtues de velours sont riches en vitamine C et en vitamine B3. Sa teneur en calcium permettra aux enfants de renforcer leurs os et leurs dents. La framboise est un antibiotique naturel.

Banane

Son goût sucré et sa forte teneur en glucides et en vitamine B permettent de produire de l'énergie et font de la banane l'un des fruits les plus stimulants pour les enfants. La banane est une excellente source de potassium qui veille à la santé du cœur.
Elle soulage aussi les maux de ventre et la diarrhée.

Cerise

Les cerises sont riches en vitamine C et aident au bon fonctionnement du système immunitaire. Elles sont l'une des meilleures sources de fer et servent à prévenir l'anémie. De plus, elles sont très riches en vitamine A, qui est importante pour la vue, ainsi qu'en vitamine E, qui est bénéfique pour la peau et pour les vaisseaux sanguins qui acheminent les éléments nutritifs vers le cerveau.

Mangue

La mangue est une bonne source de bêta-carotène et de vitamine C, lesquelles servent à stimuler le système immunitaire. Elle aide à la formation des os et des dents parce qu'elle déborde de calcium et de magnésium. La mangue est un fruit alcalin qui peut apaiser les maux de ventre en contrant les reflux d'acidité.

Pêche

La pêche est riche en vitamine C et en bêta-carotène, un duo parfait pour repousser les virus et les infections. Il s'agit aussi d'une excellente source d'acide folique, qui veille à la production de globules rouges assurant le transport des éléments nutritifs vers le cerveau et les muscles.

Kiwi

Ce fruit velu contient plus de vitamine C qu'une orange.

Bleuet

Ces petits bijoux de la nature contiennent toutes sortes de nutriments. Ils contiennent beaucoup de vitamine C, d'acide folique et d'antioxydants qui aident à prévenir le cancer. Les bleuets renforcent le système immunitaire et améliorent l'état de la peau, des os et des dents.

Papaye

La papaye contient une enzyme appelée papaïne. Cette dernière joue un rôle important dans la digestion, qui contribue à la décomposition des protéines, à la réduction de la production de mucus et au dégagement des voies respiratoires. La papaye contient de la vitamine C et du bêta-carotène, deux nutriments antioxydants veillant au bon développement des cheveux, de la peau et des ongles.

Citrouille

La chair orange de la citrouille est une excellente source de bêta-carotène, de vitamine C, de vitamine E et de plusieurs types de vitamines B qui sont bénéfiques pour le développement du cerveau, de la mémoire et du système immunitaire. Elle contient aussi du magnésium, du calcium (nécessaire à la santé des os et des dents), du potassium et des fibres.

Pomme

Les pommes contiennent une fibre précieuse appelée pectine, qui stimule le système digestif et élimine les toxines de l'organisme. Elles sont riches en vitamine C et en bêta-carotène, deux nutriments qui s'unissent pour repousser les virus et les infections.

Mûre

Ces joyaux de la nature débordent de nutriments. Les mûres sont une excellente source de vitamine C, d'acide folique et d'antioxydants qui aident à prévenir le cancer. Les mûres améliorent l'état de la peau, des os et des dents.

Melon d'eau

Le melon d'eau est l'une des meilleures sources de vitamine C et de bêta-carotène qui permettent au système immunitaire de rester fort et en santé. Elle est riche en potassium, qui veille à la santé du cœur et du système nerveux.

6

Le smoothie du pêcheur

Ingrédients

1 banane de taille moyenne pelée

1/2 tasse de mûres

1/2 tasse de yogourt sans gras à la vanille

1/2 tasse de glaçons

1/2 tasse de jus de canneberge

Description

Tu peux remplacer les fruits par ceux que tu préfères.

Instructions

1. Dépose les ingrédients dans un mélangeur. Mélange à haute vitesse jusqu'à ce que ton smoothie soit lisse et super crémeux, puis **mords à l'hameçon !**

2. Plonge une banane dans ton verre, puis dépose une mûre sur la banane.

3. Décore ensuite la mûre en utilisant de petits bonbons pour faire des yeux et une bouche ainsi qu'une queue de fraise pour faire les cheveux !

Massacre fruité

Ingrédients

- 1/2 tasse de jus de pomme
- 3/4 de tasse de nectar de fraise
- 1 tasse de bleuets congelés
- 1 banane pelée et coupée en morceaux
- 1 cuillérée de sorbet aux framboises
- 1 cuillérée de yogourt glacé à la vanille
- 1 tasse de glaçons

Instructions

1. Mets tous les ingrédients dans un mélangeur et brasse jusqu'à ce que tout soit **massacré à point et prêt à déguster**!

2. Décore ton smoothie avec une framboise farcie d'un bleuet.

Tchou! Tchou!

Ingrédients

1/2 tasse de babeurre

1 tasse de morceaux d'ananas en conserve égouttés

1 c. à thé de flocons de noix de coco

1/2 c. à thé d'extrait de noix de coco

Instructions

1. Dépose tous les ingrédients dans un mélangeur et actionne-le jusqu'à ce que ton smoothie soit onctueux et prêt à savourer.

2. Décore ton verre avec de petits parasols décoratifs en papier.

Le smoothie du surfeur

Source : www.allrecipes.com

Ingrédients

2 bananes pelées et coupées en morceaux

1 tasse de papaye coupée en dés (facultative)

1 tasse d'ananas frais coupé en dés

1 tasse de melon de miel coupé en dés

1 tasse de raisins sans pépins (facultatifs)

3 glaçons (facultatifs)

1 1/2 tasses de yogourt aux fruits

1/2 tasse de jus d'orange

Description

Les fruits font des vagues tout au long de l'été !
À toi d'en profiter !

Instructions

1. Dépose les bananes, la papaye, l'ananas, le melon de miel, les raisins, les glaçons et le yogourt dans un mélangeur, puis verse le jus d'orange sur tes ingrédients.

2. Pose bien le couvercle du mélangeur et réduis les ingrédients en purée avant de savourer ton délice fruité.

Il fera des vagues dans tout le quartier !

3. Décore ton smoothie avec des pailles de différentes couleurs.

Bonhomme canneberge

Ingrédients

80 g de canneberges fraîches ou congelées

1 pamplemousse rose pelé et coupé en morceaux

1 pomme rouge pelée et sans le trognon

2 glaçons pilés

Description

Ne te gêne surtout pas pour ajouter une petite touche sucrée si ce smoothie te fait **sursauter** les **papilles**.

Instructions

1. Dépose tous les ingrédients dans un mélangeur et brasse jusqu'à ce que ton smoothie soit lisse et prêt à t'émerveiller !

2. Garnis ton verre avec des canneberges et des zestes de citron.

15

Le piña hou la la !

Ingrédients

3/4 de tasse de yogourt non sucré à la noix de coco (congelé)

1/2 banane congelée

1 1/4 tasses d'ananas frais en morceaux

1 tasse de lait

Instructions

1. Dépose tous les ingrédients dans un mélangeur, pose bien le couvercle et combine le tout jusqu'à ce que tu obtiennes une consistance bien lisse.

Hou la la !

2. Décore ton smoothie avec des feuilles d'ananas !

Chenilles enchantées

Ingrédients

1 1/2 tasses de jus de pamplemousse commercial ou fraîchement pressé

3/4 de tasse d'ananas tranché

1/4 de tasse de jus d'ananas

1 tasse de yogourt nature sans gras

2 tasses de glaçons

Description

Ce smoothie est parfait pour ceux qui, comme les chenilles, raffolent de tout ce qui est acide !

Instructions

1. Dépose tous les ingrédients dans un mélangeur, pose bien le couvercle et mélange jusqu'à ce que ton smoothie soit lisse et que les chenilles dansent !

2. Garnis ton smoothie avec une tranche d'ananas.

Le poisson à lunettes

Ingrédients

- 1 tasse d'eau
- 1/2 tasse de jus d'orange concentré surgelé
- 2 tasses de lait
- 3/4 de c. à thé d'extrait de vanille
- 1 c. à thé de sel
- 2 œufs
- 1 tasse de glaçons

Instructions

1. Dépose tous les ingrédients dans un mélangeur et combine le tout jusqu'à ce que ton smoothie soit assez liquide pour qu'un poisson à lunettes puisse y nager !

2. Orne ton smoothie de tranches d'oranges.

Banana Split Royal

Ingrédients

2 bananes bien mûres pelées

1 boîte de conserve de 225 g d'ananas broyés et égouttés

1 1/2 tasses de lait

1/2 tasse de fraises fraîches ou congelées tranchées et non sucrées

2 c. à thé de miel

1/2 tasse de glaçons

Crème fouettée, sirop de chocolat et cerises au marasquin

Instructions

1. Dépose d'abord les bananes, les ananas, le lait, les fraises et le miel dans un mélangeur, pose bien le couvercle et mélange le tout.

2. Ajoute graduellement les glaçons et brasse jusqu'à ce que ton smoothie ait la même texture qu'une barbotine.

3. Verse ton banana slip royal dans des verres bien froids et garnis le tout avec de la crème fouettée, du sirop de chocolat, une cerise, des décorations à gâteaux, des tranches de bananes et un joli cure-dent en forme de fleur!

C'est BON à s'en lécher les doigts!

Description

Le banana split est une façon géniale de profiter d'une chaude **journée d'été**! Tu te sentiras comme **un roi**!

Pomme! Pomme! qui est là?

Ingrédients

2 tasses de compote de pommes

1 tasse de cidre de pomme

1 tasse de jus d'orange

2 c. à soupe de sirop d'érable

1/2 c. à thé de muscade

1/2 c. à thé de cannelle

Instructions

1. Dépose tous les ingrédients dans un mélangeur et combine le tout jusqu'à ce que tu obtiennes un smoothie onctueux.

2. Décore-le avec une tranche de pomme coupée super mince.

Miam!

Coup de foudre aux fruits

Ingrédients

1 tasse de jus de pomme

1 1/2 tasses de limonade

1 tasse de framboises congelées

1/2 tasse de fraises congelées

1 tasse de sorbet aux framboises

Instructions

1. Verse le jus de pomme et la limonade dans un mélangeur, puis ajoute les fruits congelés et le sorbet.

2. Mélange à haute vitesse pendant 30 secondes, puis mélange à basse vitesse jusqu'à ce que ce tu obtiennes une consistance onctueuse !

Ce smoothie fera battre ton cœur !

3. Garnis le tout avec des fraises, des framboises et des bleuets.

Le smoothie qui trompe

Ingrédients

1/4 de tasse de jus d'orange

1/4 de tasse de jus d'ananas

1 c. à soupe de lait de coco

1/2 banane

1/4 de c. à thé de racine de gingembre fraîche et râpée

1/2 tasse de glaçons

Instructions

1. Dépose tous les ingrédients dans un mélangeur et combine le tout jusqu'à ce que ton smoothie soit homogène.

Il te fera sonner de la trompe !

2. Tu peux saupoudrer ton smoothie avec de la poudre de noix de coco pour plus de saveur…

Miam !

Complètement banane!

Ingrédients

- 1 tasse de lait
- 1/2 banane pelée et coupée en morceaux
- 2 c. à soupe de beurre d'arachide crémeux
- 1 1/2 c. à soupe d'extrait de vanille
- 1 tasse de glaçons

Instructions

1. Combine tous les ingrédients dans un mélangeur et savoure ton œuvre!

2. Tu peux décorer ton smoothie avec des tranches de banane pour le rendre **complètement banane!**

Le fraisement délicieux

Ingrédients

- 1 1/2 tasses de fraises congelées
- 1 tasse de morceaux d'ananas congelés
- 1/2 tasse de lait
- 1 1/2 tasses de yogourt
- 2 c. à soupe de miel
- 1 tasse de glace concassée

Description

Ce smoothie est idéal lors des chaudes journées d'été.

Instructions

Dépose tous les ingrédients dans un mélangeur et combine jusqu'à ce que tu obtiennes une substance bien onctueuse. **C'est fraisement délicieux!**

Monsieur Gruau

Source : www.allrecipes.com

Ingrédients

1 tasse de lait de soya

1/2 tasse de flocons d'avoine

1 banane coupée en morceaux

14 fraises congelées

1/2 c. à thé d'extrait de vanille

1 1/2 c. à thé de miel

Description

Ce smoothie tout rose et super nourrissant te permettra de prendre un petit-déjeuner complet en deux temps trois gorgées !

Surveille bien Monsieur Gruau. Qui sait ?
Il se trouve peut-être au fond de ton verre !

Instructions

1. Dépose tous les ingrédients dans un mélangeur et brasse jusqu'à ce que tu obtiennes une consistance lisse.

2. Tu peux remplacer la vanille et le miel par du sucre si tu n'aimes pas ça.

Le cactus

Ingrédients

1/2 tasse de jus d'ananas
1 tasse de sorbet à l'orange
1 banane pelée et coupée en morceaux
2 tasses de mangue coupée en tranches
2 tasses de glaçons
1 c. à thé de jus de lime

Description

Si tu aimes les mangues, ce smoothie comblera tous tes désirs !

Instructions

1. Combine tous les ingrédients dans un mélangeur jusqu'à ce que ton smoothie soit parfait !

Prends garde aux épines de cactus !

2. Tu peux garnir ta boisson avec de la glace concassée infusée de jus de framboise pour ajouter un peu de piquant !

Mangue tropicale

Ingrédients

2 mangues pelées et coupées en morceaux

1/2 tasse de bleuets

Le jus d'une lime

1 tasse de jus de pomme

Description

Prends le temps de déguster ce smoothie rafraîchissant qui te fera rêver à la chaleur des tropiques.

Instructions

1. Dépose tous les ingrédients dans un mélangeur et brasse jusqu'à ce que ton smoothie soit bien lisse.

Un vrai chef-d'œuvre tropical !

2. Tu peux le décorer avec des boules de mangues, des graines de pomme grenade pour faire les yeux et des zestes de citron pour faire la bouche !

Cœur de pomme

Ingrédients

1 tasse de lait écrémé

1 1/2 tasses de cerises congelées non sucrées

1/2 tasse de framboises congelées

1 tasse de yogourt glacé sans gras à la vanille

1/2 c. à thé d'extrait de vanille

1 tasse de glaçons

Instructions

1. Dépose tous les ingrédients dans un mélangeur, pose bien le couvercle et mélange le tout jusqu'à ce que ton smoothie soit prêt à savourer!

2. Garnis ton smoothie avec de la crème fouettée et un joli cœur rouge fait avec du jus de framboise congelé.

Le Full Fruits

Ingrédients

1 banane pelée et coupée en morceaux d'environ 2,5 cm d'épaisseur

2 kiwis pelés et coupés en quartiers

1/2 mangue pelée et coupée en dés

1/2 papaye pelée et coupée en dés

1 tasse de jus d'orange fraîchement pressée

3 glaçons

Description

Voici un smoothie au goût fruité **super intense** !

Instructions

1. Dépose les fruits, le jus et la glace dans un mélangeur, pose le couvercle et fouette les ingrédients jusqu'à ce que le goût intense des fruits **réveille les fleurs** !

2. Tu peux décorer ton smoothie avec une boule de mangue, une tranche de kiwi et de la noix de coco hachée.

Punch hawaïen

Ingrédients

1 tasse de nectar de fruit de la passion

1 tasse de nectar de goyave

1 tasse de sorbet à l'orange

4 c. à soupe de lait de coco

1/2 banane congelée coupée en morceaux

1/2 tasse de fraises congelées

1/2 tasse de tranches de mangue congelée

1 tasse de yogourt aux fraises

Instructions

1. Dépose tous les ingrédients dans un mélangeur et combine le tout jusqu'à ce que le punch soit lisse.

2. Enfile ensuite un collier de fleurs et décore ton verre avec une fraise et un collier de fleurs miniature pour savourer ton délice hawaïen.

Le geai bleu

Ingrédients

2 tasses de bleuets frais
1 tasse de jus d'orange et ananas
1 yogourt à la vanille de 225 g
2 c. à thé de miel

Instructions

1. Dépose tous les ingrédients dans un mélangeur.

2. Pose bien le couvercle et brasse jusqu'à ce que ton smoothie soit lisse.

3. Verse-le tout de suite dans un verre, puis décore-le avec du yogourt aux bleuets et des bleuets frais !

Le geai bleu te donnera des ailes !

La pêche musicale

Ingrédients

1 tasse de nectar de pêche bien froid

1 tasse de lait

3/4 de tasse de yogourt aux pêches

Une pincée de muscade moulue

Description

Ce smoothie est un grand favori de l'automne. Il te donnera le **goût de chanter !**

Instructions

1. Dépose tous les ingrédients dans un mélangeur à l'exception de la muscade. Pose bien le couvercle et mélange le tout à haute vitesse jusqu'à ce que ta boisson soit crémeuse.

2. Saupoudre ton verre avec la muscade moulue.

47

Le SOUS-marin

Ingrédients

- 3 bananes de taille moyenne (environ 1 livre)
- 2 mangues
- 1/4 de tasse de jus de pomme ou de lait de coco non sucré
- 1 c. à soupe de miel
- 1 tasse de glaçons

Instructions

1. Mets les bananes et les mangues dans le réfrigérateur et laisse-les refroidir pendant 1 heure.

2. Pèle et tranche les bananes et les mangues en prenant soin de ne pas te couper, puis dépose les tranches dans un mélangeur. Ajoute ensuite le jus de pomme ou le lait de coco ainsi que le miel. Pose le couvercle et mélange le tout jusqu'à ce que ton délice sous-marin soit onctueux.

3. Ajoute ensuite les glaçons et combine le tout jusqu'à ce

que tous les ingrédients soient bien incorporés. Verse ton smoothie dans un verre, orne-le avec des décorations à gâteaux et déguste-le chez toi ou dans les profondeurs de la mer!

Le moulin à pêches

Ingrédients

- 2 tasses de nectar de pêche ou de jus de pomme
- 1 tasse de yogourt glacé à la vanille
- 1/2 banane
- 1 tasse de yogourt aux pêches
- 1 1/2 tasses de tranches de pêches congelées

Description

Ce smoothie est sucré et super savoureux. Si tu raffoles des pêches, ce smoothie te comblera de bonheur !

Instructions

1. Verse le nectar de pêche ou le jus de pomme ainsi que le yogourt aux pêches dans un mélangeur, puis ajoute le yogourt glacé, la banane et les morceaux de pêche.

2. Mélange le tout jusqu'à ce que la boisson soit onctueuse. Remue bien ton smoothie et verse-le dans un verre.

3. Garnis ton smoothie avec des tranches de pêche fraîches ou congelées et déguste-le pour te rafraîchir !

Bleuet que c'est BON !

Ingrédients

- 1/2 tasse de framboises
- 1/2 tasse de fraises
- 1/2 tasse de bleuets
- 1 tasse de lait
- 1 tasse de jus de pomme (non sucré)
- 2 tasses de glaçons
- 1 petite carotte

Description

Tes papilles gustatives remarqueront à peine le goût de la carotte, mais ton corps se réjouira des vitamines qu'elle te procurera !

Instructions

1. Dépose tous les ingrédients dans un mélangeur et brasse jusqu'à ce que ton smoothie soit prêt à savourer !

2. Garnis ton smoothie avec une glace en forme d'étoile faite avec du jus d'orange congelé.

Le serpent à surette

Ingrédients

2 tasses de jus pomme et canneberge

1 1/2 tasses de limonade

1/4 de tasse de jus de lime

2 cuillérées de sorbet à la lime

1 tasse de glaçons

Description

Tu peux ajouter plus de sorbet à la lime si tu veux que ton smoothie soit plus sucré !

Instructions

1. Mets tous les ingrédients dans un mélangeur, pose le couvercle et mélange jusqu'à ce que ton smoothie te mette l'eau à la **bouche** !

2. Décore ton verre avec des canneberges et des tranches de lime et prends **garde au serpent** !

Le monstre

Source : www.allrecipes.com

Ingrédients

2 bananes congelées, pelées et coupées en morceaux

1/2 tasse de bleuets congelés

1 tasse de jus d'orange

1 c. à soupe de miel (facultatif)

1 c. à thé d'extrait de vanille (facultatif)

Instructions

1. Dépose les morceaux de bananes, les bleuets et le jus d'orange dans un mélangeur et réduis-les en purée. Ajoute ensuite le miel et/ou la vanille selon ce que tu préfères.

2. Tu peux ensuite tracer le visage de ton monstre en utilisant des tranches de fraises et des bleuets pour les yeux, des tiges de fraises pour les sourcils et du glaçage pour faire un sourire monstrueux!

Maya l'abeille

Ingrédients

1 1/2 tasses de tranches de pêches congelées

1/2 tasse de jus d'orange concentré surgelé

1/2 tasse de lait

1/3 de tasse de banane bien mûre coupée en tranches

1 c. à thé de miel

Instructions

1. Dépose tous les ingrédients dans un mélangeur, pose le couvercle et brasse jusqu'à ce que ton smoothie soit super onctueux et fasse **bourdonner les abeilles !**

2. Garnis-le de kumquats, de feuilles de menthe et d'un petit parasol décoratif.

L'éclaircie

Ingrédients

1 mangue pelée, dénoyautée et coupée en morceaux

1 banane pelée et coupée en morceaux

1 tasse de jus d'orange

1 tasse de yogourt sans gras à la vanille

Description

Ce smoothie coloré mettra du soleil dans tes journées ultras pluvieuses !

Instructions

1. Dépose les morceaux de fruits, le jus et le yogourt dans un mélangeur et brasse jusqu'à ce ton smoothie soit onctueux et illumine ta journée !

2. Dépose des boules de mangue dans ton smoothie pour plus de saveur.

L'OVni

Source : www.allrecipes.com

Ingrédients

1 banane pelée et coupée en morceaux

6 fraises

1 kiwi

1/2 tasse de yogourt congelé à la vanille

3/4 de tasse de jus d'orange et ananas

Instructions

1. Dépose tous les ingrédients dans un mélangeur, puis combine le tout jusqu'à ce que ton ovni soit prêt à boire !

2. Garnis ton verre avec des tranches de fraise formant une soucoupe volante ainsi que des décorations à gâteaux.

Le Voilier des amis fruités

Ingrédients

2 bananes congelées, pelées et tranchées

2 1/2 tasses de jus d'ananas

1 tasse de yogourt à la vanille

1 tasse de framboises fraîches ou congelées

Instructions

1. Fais congeler les bananes jusqu'à ce qu'elles soient super dures.

2. Dépose les bananes, le jus d'ananas, le yogourt et les framboises dans un mélangeur et actionne ce dernier jusqu'à ce que ta boisson soit prête à engloutir !

3. Décore ton smoothie avec des framboises, des tranches de bananes et des décorations à gâteaux et **joins-toi** à la fête à bord du **voilier fruité !**

La papaye étoilée

Ingrédients

1 banane congelée et pelée

1/2 papaye bien fraîche

10 à 12 framboises (fraîches ou congelées)

1/2 tasse de glaçons

Instructions

1. Dépose tous les ingrédients dans un mélangeur et combine jusqu'à ce que ton smoothie soit onctueux et étoilé !

2. Décore ton smoothie avec de la papaye découpée en forme de lune et d'étoile et avec des graines de pomme grenade.

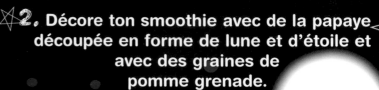

Le smoothie au gingembre bronzé

Ingrédients

1/2 tasse de jus d'orange

1/4 de tasse de jus d'ananas

1/2 c. à thé racine de gingembre fraîche et râpée

3/4 de tasse de glaçons

Description

Le goût tropical de ce smoothie donnera des couleurs au gingembre !

Instructions

1. Dépose les jus, le gingembre et les glaçons dans un mélangeur et actionne-le jusqu'à ce que ton smoothie soit bien lisse.

2. Tu peux décorer ton verre avec des tranches d'orange.

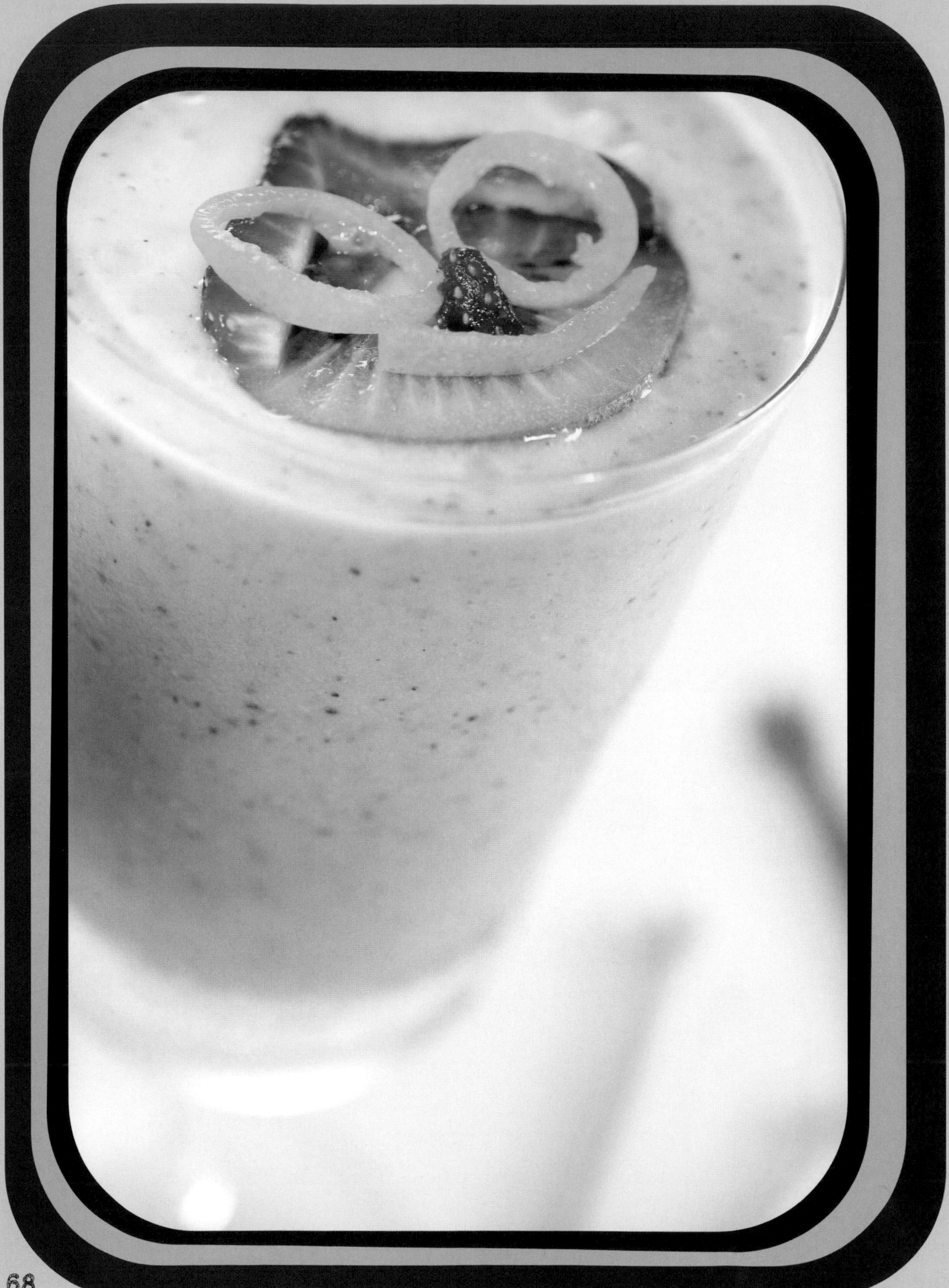

Le smoothie de Popeye

Ingrédients

2 tasses d'épinards

2 tasses de fraises congelées

1 banane

2 c. à soupe de miel

1/2 tasse de glaçons

Description

Ce smoothie rempli d'épinards te rendra aussi fort que Popeye !

Instructions :

1. Congèle les épinards. Lorsqu'ils sont prêts, dépose-les dans un mélangeur avec les fraises congelées, la banane, le miel et les glaçons, puis mélange le tout jusqu'à ce que tu obtiennes une consistance lisse.

2. Verse ton smoothie dans un verre, décore-le avec des tranches de kiwi, de fraises et de kumquat et déguste ton chef-d'œuvre pour devenir **TRÈS FORT**.

Monsieur soleil

Ingrédients

2 1/2 tasses de jus d'orange

1 1/2 tasses de framboises congelées

1 tasse de sorbet aux framboises

Instructions

1. Dépose tous les ingrédients dans un mélangeur et brasse le tout jusqu'à ce que ton smoothie soit **ensoleillé**.

2. Décore ton smoothie avec un joli soleil fait avec une tranche d'orange et de la gelée au citron pour les rayons.

Le Super Pepto

Ingrédients

2 bananes pelées et coupées en morceaux

8 fraises de taille moyenne

2/3 de tasse de jus de pomme

Description

Ce smoothie tout simple se prépare en un rien de temps ! **C'est un vrai délice rosé !**

Instructions

1. Dépose les bananes, les fraises et le jus dans un mélangeur, pose bien le couvercle et combine le tout jusqu'à ce que ton smoothie te mette l'eau à la bouche !

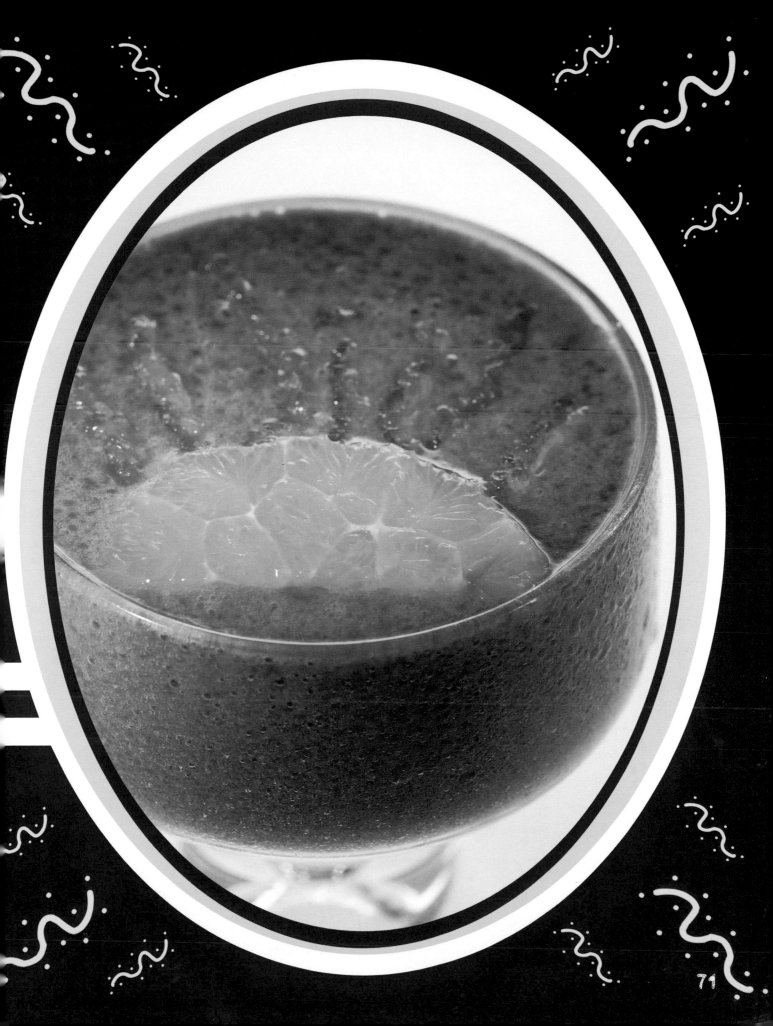

Le délice du piranha

Ingrédients

1 tasse de mangue pelée et hachée

1 tasse de fraises décortiquées

3/4 de tasse de glace concassée

1/2 tasse de yogourt à la vanille

1/4 de tasse d'eau froide

2 c. à thé de gingembre cristallisé finement haché

2 c. à thé de miel

Instructions

1. Dépose tous les ingrédients dans un mélangeur, réduis-les en purée et savoure le tout. Tu comprendras pourquoi les piranhas en raffolent autant !

2. Décore ton verre avec une brochette de fraises congelées.

La demi-lune

Ingrédients

1 tasse de yogourt nature ou aux fruits

2 tasses de fruits frais coupés en morceaux

Une pincée de muscade moulue/de noix de muscade râpée

2/3 de tasse d'eau gazeuse ou de soda au gingembre

Instructions

1. Combine le yogourt, les fruits et la muscade dans un mélangeur jusqu'à ce que le tout soit bien lisse.

2. Verse ton mélange dans des verres en les remplissant aux trois quarts.

3. Verse ensuite de l'eau pétillante ou du soda au gingembre pour bien remplir tes verres. Brasse doucement avec une cuillère pour mélanger le tout.

4. Décore ton smoothie avec de la menthe et des tranches de lime coupées très mince.

Le naufragé

Ingrédients

1/2 mangue broyée

1 fruit de la passion broyé

1/2 banane broyée

1 tasse de jus de pomme

1/2 orange fraîchement pressée

Description

Un délicieux mélange de fruits exotiques et de fruits tropicaux qui te donnera le goût de t'étendre sous les palmiers.

Instructions

1. Dépose tous les ingrédients dans un mélangeur et combine jusqu'à ce que tu obtiennes une substance lisse et onctueuse.

2. Tu peux servir ton smoothie dans une noix de coco ou le verser dans un verre et le décorer d'un parasol construit avec un cure-dent et la moitié d'une lime.

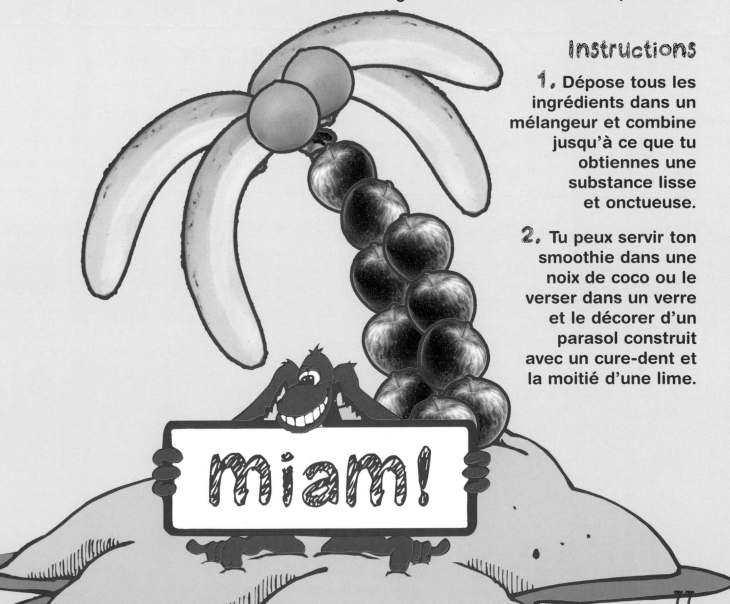

miam!

Le smoothie complètement maboule

Ingrédients

1 grosse mangue pelée, dénoyautée et tranchée

2 bananes pelées et coupées en morceaux

1 1/4 tasses de jus d'orange

Instructions

1. Dépose tous les ingrédients dans un mélangeur et combine le tout jusqu'à ce que ton smoothie soit prêt à te faire **perdre la boule !**

2. Garnis ton verre avec une tranche super mince de carambole et du sucre cristallisé.

L'alléchant

Ingrédients

2 mangues

2 oranges

Jus de lime

1/2 tasse de jus de pomme

Description

Ce smoothie à la fois sucré et acide te mettra l'eau à la bouche !

Instructions

1. Combine tous les ingrédients dans un mélangeur jusqu'à ce que tu obtiennes une boisson lisse, onctueuse et super **alléchante** !

2. Décore ton verre avec des feuilles de menthe.

Le smoothie des anges

Ingrédients

2 contenants (170 g) de yogourt à la vanille

1/2 tasse de garniture pour tarte à la citrouille

1 banane coupée en morceaux

2 tasses de jus de pomme

1 c. à thé de cannelle moulue

1 pincée de muscade moulue

Description

Ce smoothie est délicieux au petit-déjeuner !

Tu peux aussi le préparer pour remplacer la traditionnelle crème glacée à la vanille si tu as envie de te sucrer le bec !

Instructions

1. Dépose le yogourt, la garniture pour tarte à la citrouille, la banane, le jus de pomme, la cannelle et la muscade dans un mélangeur, puis brasse le tout pendant 1 minute jusqu'à ce que ton smoothie soit lisse et te mène tout droit au septième ciel !

2. Décore ton smoothie avec des morceaux de pommes et de la cannelle sucrée.

smoothie des anges

La forêt d'ananas

Ingrédients

2 mangues pelées et coupées en morceaux

1/2 ananas coupé en morceaux

2 fruits de la passion pelés et coupés en morceaux

1/2 tasse de jus d'ananas

Instructions

1. Dépose tous les ingrédients dans un mélangeur et combine le tout jusqu'à ce que ton smoothie soit bien onctueux.

2. Tu peux garnir le tout avec une tranche de pamplemousse, une cerise et la queue d'une fraise.

Miam !

Melon de miel et bedon rond

Ingrédients

1 tasse de melon d'eau coupé en morceaux

1 tasse de cantaloup ou melon de miel coupé en morceaux

1 tasse d'ananas coupé en morceaux

1 tasse de mangue coupée en morceaux

1 tasse de fraises coupées en deux

2 c. à soupe de miel

1 tasse de jus d'orange

Glace concassée

Instructions

1. Prépare ton smoothie en deux étapes.
   Dépose d'abord la moitié des ingrédients dans un mélangeur à l'exception de la glace. Couvre la moitié des ingrédients de glace et actionne le mélangeur jusqu'à ce que ta boisson soit bien lisse.

2. Procède de la même façon pour l'autre moitié des ingrédients. Ajoute des boules de cantaloup et de melon d'eau et des tranches de citron pour décorer ton smoothie.

Le melon cool

Ingrédients

4 tasses de melon d'eau froid et épépiné

1 c. à soupe de jus de lime

Sucre ou miel, au goût

Description

Ce smoothie au melon d'eau est simple comme tout et saura te remonter le moral !

Instructions

1 Dépose tous les ingrédients dans un mélangeur et combine jusqu'à ce que ton smoothie soit bien lisse.

2. Décore ton verre avec des tranches de lime et **rafraîchis-toi !**

La chasse aux papillons

Ingrédients

1/4 de tasse de jus d'orange

1/2 tasse de yogourt nature sans gras

1/2 tasse de bleuets lavés

Miel, au goût

Description

Ce smoothie est très simple à faire et il est rempli d'antioxydants pour t'aider à rester en super forme !

Instructions

1. Dépose tous les ingrédients dans un mélangeur, puis actionne-le à haute vitesse jusqu'à ce que tu obtiennes une consistance lisse et aussi légère qu'un **papillon**.

2. Tu peux faire un papillon pour orner ton smoothie en utilisant de la mangue pour faire le corps, des graines de pomme grenade pour faire les yeux et de la gelée au citron pour faire les antennes.

Le roi du bleuet

Ingrédients

1 banane de taille moyenne coupée en morceaux

1 tasse de bleuets

2 c. à soupe de beurre d'arachide, de beurre d'amande ou de beurre de cajou naturel

1 tasse de yogourt biologique sans gras à la vanille ou aux fruits ou de yogourt de soja

1 tasse de lait de riz ou de lait de soja à la vanille

1/2 tasse de glace concassée (facultative)

Description

Le bleuet est non seulement l'un des fruits les plus riches en antioxydants, mais il est aussi l'un des plus délicieux qui soit !

Instructions

1. Dépose tous les ingrédients dans un mélangeur et brasse jusqu'à ce que ton smoothie soit lisse et tout bleu ! Décore ton smoothie avec une paille enrobée de jus d'orange congelé.

Le Don Juan

Ingrédients

1 papaye épépinée et coupée en morceaux

1 pêche dénoyautée et coupée en morceaux

2 fruits de la passion

2/3 de tasse de jus d'orange fraîchement pressée

Instructions

1. Retire d'abord les graines des fruits de la passion et dépose-les dans un mélangeur et actionne ce dernier. Mets ton mélange de fruits de la passion de côté.

2. Dépose ensuite la papaye, la pêche et le jus d'orange dans le mélangeur et combine le tout jusqu'à ce que tu obtiennes une belle consistance.

3. Verse ton smoothie dans un verre et couvre le tout du mélange de graines de fruits de la passion. **Tu ne pourras résister à la tentation !**

La tornade au citron

Ingrédients

1 tasse de limonade

1 1/2 tasses de framboises

1 tasse de yogourt au citron

2 tasses de glaçons

Description

Ce smoothie rafraîchissant est super populaire tout au long de l'été !

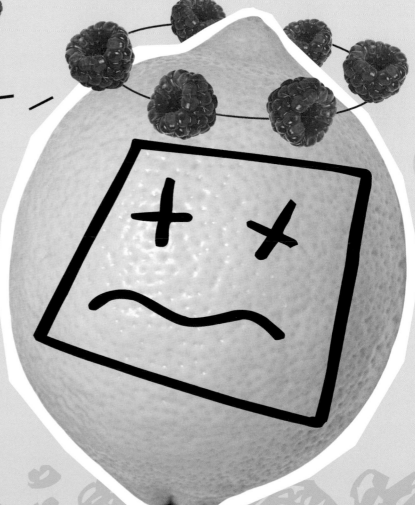

Instructions

1. Dépose tous les ingrédients dans un mélangeur, pose le couvercle et mélange jusqu'à ce que tout soit bien incorporé pour te laisser emporter dans un **tourbillon de saveurs !**

2. Tu peux garnir ton smoothie avec des tranches d'orange.

Mi-figue, mi-raisin

Ingrédients

2 1/2 tasses de raisins rouges froids sans pépins (pas complètement gelés)

2/3 de tasse de sorbet ou de crème glacée aux framboises ou à la lime

1/2 tasse de jus de raisin non sucré

1 1/2 tasses de glaçons

Description

Prends soin d'acheter des raisins sans pépins. Ton smoothie sera encore **meilleur** !

Instructions

1. Dépose d'abord le jus et les raisins au mélangeur, puis ajoute le sorbet ou la crème glacée et les glaçons et combine le tout jusqu'à ce que tu obtiennes un smoothie onctueux.

2. Tu peux garnir ton verre avec des raisins rouges !